2007

Les étoiles filantes

à Irène-Andrea,
de Jasmine
xxx

En couverture : © Serge Rousseau

Conception graphique : Accent tonique

Catalogage avant publication de Bibliothèque et Archives nationales du Québec et Bibliothèque et Archives Canada

Bédard, Ghislain, 1967-

Les étoiles filantes: poèmes et prières du soir

À partir de 6 ans.

ISBN 978-2-89499-083-4

1. Enfants - Prières et dévotions françaises.
2. Bible - Citations - Ouvrages pour la jeunesse.
3. Prières du soir - Ouvrages pour la jeunesse.

I. Pettigrew, Annie, 1979- . II. Titre.

BV4870.B424 2007 j242'.82 C2007-940630-0

Dépôt légal : 2e trimestre 2007

Bibliothèque et Archives nationales du Québec

Les Éditions FPR reconnaissent l'aide financière du Gouvernement du Canada par l'entremise du Programme d'aide au développement de l'industrie de l'édition (PADIÉ) pour leurs activités d'édition.

Les Éditions FPR remercient de leur soutien financier le Conseil des Arts du Canada et la Société de développement des entreprises culturelles du Québec (SODEC).

Les Éditions FPR bénéficient du Programme de crédit d'impôt pour l'édition de livres du Gouvernement du Québec, géré par la SODEC.

Imprimé au Canada en juin 2007

Les projets Passages de l'Office de catéchèse du Québec recoivent le soutien financier de l'Ordre des Chevaliers de Colomb.

Les étoiles filantes

Poèmes et prières du soir

Ghislain Bédard & Annie Pettigrew

Illustrations : Serge Rousseau

FIDES • MÉDIASPAUL

Les étoiles filantes

Qu'il est magnifique, le soir, de lever les yeux vers un ciel rempli d'étoiles. Elles nous inspirent. Elles allument nos rêves… Voici un carnet de poèmes et de prières pour toi. Chaque texte est comme une étoile. Il t'invite à entrer dans ton cœur à la rencontre de Dieu. Le soir avant de t'endormir, demande à tes parents de lire avec toi quelques pages. Peut-être seras-tu attiré par les illustrations ou les titres des poèmes ? Laisse-toi bercer par les sons et les couleurs, ils te conduiront aux portes de tes rêves, de la nuit, et te guideront vers le sommeil.

Que ces mots et ces images, comme les étoiles filantes, portent tes vœux et tes rêves jusqu'au cœur de Dieu.

Une belle journée se termine

Merci, Seigneur,
pour cette belle journée qui se termine.
Aujourd'hui, j'ai savouré chaque seconde.

J'ai ouvert mes yeux
pour m'émerveiller du monde qui m'entoure.

J'ai ouvert mes oreilles
pour entendre ce que les autres avaient à me dire.

J'ai ouvert ma bouche
pour me faire connaître et partager mes idées.

J'ai ouvert mes mains
pour construire le monde dans lequel je veux vivre.

J'ai ouvert mon cœur
pour t'accueillir comme un ami.

Merci, Seigneur,
d'avoir été avec moi
tout au long de cette journée.

En silence

Je suis toute seule,
seule dans ma chambre,
et je m'arrête.

Puis je respire,
je sens mon corps.
Je tends l'oreille.

Je goûte le calme
qui vient en moi.
Monte la paix.

De petits bruits
à peine audibles.
C'est le silence…

Et en secret,
au fond de moi,
j'entends ta voix.

À la lueur de la chandelle

Quand maman au souper
dépose sur la table un chandelier,
une occasion spéciale se prépare...
Une promesse pour le soir.

Alors en famille attablés,
nous mangeons, nous rions,
nous parlons de tout, de rien,
à la lueur de la chandelle.

C'est le temps de la chaleur.
C'est l'heure des confidences.
C'est l'heure des mots du cœur.
Une flamme en nous qui danse.

Seigneur, merci pour cette joie
que répand l'éclat de la bougie
et l'amour qu'il inspire entre nous.
Une lumière pour la nuit.

En famille rassemblés,
nous sentons ta présence.
Un peu de toi en nous s'embrase
à la lueur de la flamme.

C'est le temps de la chaleur.
C'est l'heure des confidences.
C'est l'heure des mots du cœur.
Et Dieu en nous qui danse.

Les étoiles filantes

Une étoile file sous les cieux.
J'en ai vu une… et puis deux !
Elles sont comme du feu.
Vite, vite… on fait un vœu !

C'est le temps des Perséides,
le soir de la Saint-Laurent.
Loin des lumières de la ville,
elles traversent le firmament.

Nuit de surprises, ciel mystérieux,
éclat de poésie dans nos yeux.
Elles sont comme du feu.
Vite, vite… on fait un vœu !

Dieu caché derrière les étoiles,
magicien du ciel, tu m'émerveilles.
Surtout entends mon souhait :
que tous les gens vivent en paix !

Bonne nuit les fourmis

Bonne nuit mes parents,
je vous aime passionnément.

Bonne nuit frère et sœur,
je vous garde près de mon cœur.

Bonne nuit mes amis,
bonne nuit les voisins,
portez-vous bien et à demain !

Bonne nuit les chiens,
bonne nuit les chats,
pas de chicanes sous les toits.

Bonne nuit les moineaux,
bonne nuit les fourmis,
cachez-vous bien dans vos abris.

Bonne nuit les humains,
bonne nuit la Terre,
je vous inclus dans ma prière.

Bonne nuit à elle et à toi,
à ceux que je ne connais pas !

Cher Dieu, à toi aussi,
bonne nuit !

Jolis rêves et mauvais songes

Seigneur, quand je fais des rêves,
de beaux songes tout bleus,
c'est si merveilleux.

Je rêve que mes parents
ont des nez de bouffons
ou que je pilote un avion.
Je rêve que la mer du Nord
est remplie de mille trésors.

Seigneur, quand je fais des cauchemars,
d'étranges songes tout noirs,
c'est vraiment affreux...

Je rêve de dépotoirs puants,
de maisons qui volent en éclats,
que des monstres méchants
font la guerre aux enfants
et que tout gris sont les gens.

Dieu, toi, à quoi rêves-tu ?
Fais-tu de mauvais songes ?
Et de vilains cauchemars ?

J'espère que je suis dans tes rêves,
et mes parents et tous mes amis.

Et que ces affreux cauchemars,
comme moi, tu les détestes aussi…

Jésus disait :

Toi, quand tu pries, retire-toi dans ta chambre, ferme la porte, et prie ton Père qui est présent dans le secret ; ton Père voit ce que tu fais dans le secret : il te le rendra.

Matthieu 6, 6

Prière à papa

Papa, tu me manques.
Pourquoi n'es-tu pas là ?
Ce soir, j'aimerais te raconter ma journée.
Sais-tu ce qui m'est arrivé ?

Papa, je m'ennuie de toi.
J'aimerais que tu me serres dans tes bras,
que tu me chantes ma berceuse
comme quand tu es là.

Papa, tu es si loin.
J'ai peur que tu m'oublies.
Alors, en secret,
j'en parle à Dieu.
Je lui dis à quel point je m'ennuie.

Et toi, papa chéri,
lui parles-tu aussi ?

Contente de moi

Mon cœur est tout sourire.
J'ai juste envie de rire.
J'ai meilleure mine qu'hier.
De moi, ce soir, je suis fière.

En classe, j'ai fini mon dessin.
En équipe, on a compté des points.
J'ai vraiment fait de mon mieux,
puis j'ai partagé tous mes jeux…

Et mes verbes, j'ai bien appris.
Je me suis fait plaisir aussi.
Au souper, j'ai aidé maman, papa.
On a ri : ils ont dansé avec moi.

J'aime les journées bien remplies
et celles où je relève des défis.
Seigneur, je suis contente de moi,
car aujourd'hui j'ai fait des pas…

À toi, petit ange

Mon petit ange,

Je t'offre un bout de nuage
au creux de mes mains,
des tas de feuilles vertes,
des embruns et des vagues bleues,
une larme de soleil
et le doux chant du vent.

Je t'offre un clair de lune
au fond de mes yeux,
des paillettes d'étoiles,
des aurores et des crépuscules,
une parcelle de montagne
et toutes les semences de la terre.

Par pure folie,
en toute gratuité,
je t'offre une terre
aussi vaste que ma demeure,
je t'offre un univers
aussi grand que mon cœur.

À toi, Seigneur

Seigneur,

Je t'offre ma journée,
mon toutou sur mon cœur serré,
mes récréations, mes devoirs et leçons,
ma meilleure amie et ses bonbons.

Je t'offre ma nuit,
ma dent sous l'oreiller,
la lune perchée à ma fenêtre,
sa lumière au pied de mon lit.

Je t’offre mon univers…
et ce qu’il deviendra demain.
C’est mon plus grand trésor
et, je sais, c’est aussi le tien !

Tu es vraiment un mystère

Seigneur,
j'ai plein de questions,
de questions sans réponse…

Pourquoi mon corps
croît-il sans que j'y pense ?
Pourquoi mon cœur
bat-il tant de fois par minute ?

Et les flocons de neige,
pourquoi sont-ils tous différents ?
Et les oiseaux sur les fils,
pour qui chantent-ils au juste ?

Pourquoi la Lune
fait-elle le tour de la Terre ?
Pourquoi le ciel
est-il sans fin, si immense ?

Et toi, Seigneur,
où te caches-tu ?
Tu es vraiment un mystère.

Tougris le chat

Mon chat s'appelle Tougris.
Il est dodu et il a le poil gris.
Il est affectueux et sans souci.
On dirait qu'il sait prendre la vie.

Il s'étend confortablement
et il roupille à tous moments.
Il cambre son dos au réveil.
Il s'étire après le sommeil.

Il se love tout contre moi
quand je m'assois sur le sofa.
Et si je ronfle, si je dors dur,
il me rejoint sous les couvertures.

Il me regarde, tout amusé,
et me chatouille avec son nez.
Avec calme, il déambule,
même si mon frère hurle.

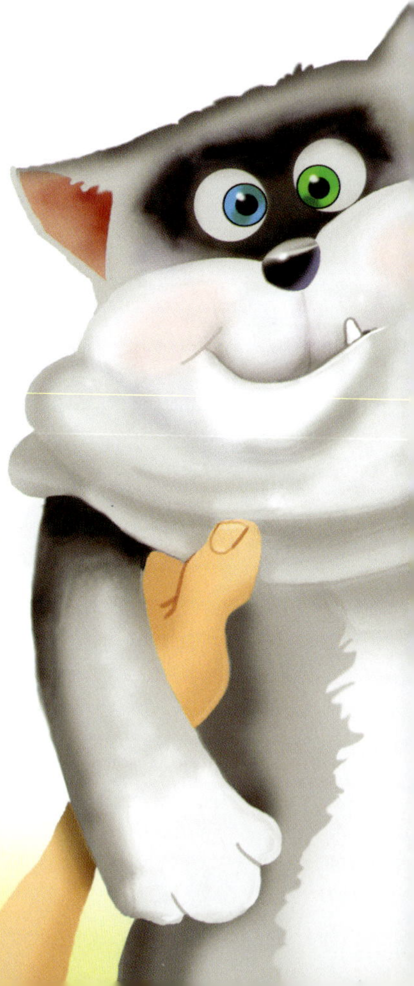

Il fait semblant d'être coquet
et lisse son poil sans arrêt.
Si ça ne fait pas son affaire,
il me mordille ou fait le fier.

Il a l'air si calme et en paix
et moi si agité et inquiet !

Un bon mistigri, ce Tougris.
Merci, Dieu, pour ce sage ami.

Jésus disait :

Vous donc, priez ainsi :
Notre Père, qui es aux cieux,
que ton nom soit sanctifié.
Que ton règne vienne ;
que ta volonté soit faite sur la terre comme au ciel.
Donne-nous aujourd'hui notre pain de ce jour.
Pardonne-nous nos offenses,
comme nous pardonnons aussi
à ceux qui nous ont offensés.
Et ne nous soumets pas à la tentation,
mais délivre-nous du mal.

Matthieu 6, 9-13

J'ai le cœur triste

Ce soir,
j'ai le cœur triste.
Seul dans mon lit,
je pense à mon ami.

Ce soir,
il a le cœur triste.
Il est seul chez lui
et pleure sans bruit.

Ce soir,
Dieu de tendresse,
va, je t'en prie,
consoler mon ami.

Ce soir,
Dieu d'amour,
va, je t'en prie,
poser ta paix sur lui.

Cœur ouvert

Entre !
Le cœur de Dieu
est toujours ouvert.
Il t'attend.

Tu es fatigué.
Tu es triste.
Tu t'ennuies.
Tu as peur.
Il t'accueille dans son cœur.

Le cœur de Dieu
est toujours prêt.
Il attend le jour où tu viendras.

Entre !
C'est la fête.
Tous tes amis sont déjà là.

Derrière la fenêtre

Derrière la fenêtre,
je vois à peine l'horizon.
Mes pensées voudraient sortir,
gambader derrière la cloison.

Mais pour moi, ce soir,
pas d'escapades à l'horizon.
Je reste à la maison…
je suis en punition.

Dieu qui va en liberté,
je suis seule dans ma chambre.
Je réfléchis, je suis triste.
Je sais : je n'ai pas bien fait.

Sur la grise fenêtre,
je vois mon visage penaud.
Mes pieds voudraient s'enfuir,
dans la cour faire des bonds.

Mais pour moi, ce soir,
dehors c'est interdit.
Je suis privée de sortie…
j'ai fait mal à un ami.

Dieu qui va en liberté,
je suis seule dans ma chambre.
Je réfléchis, je suis triste
et je regrette ce que j'ai fait.

Derrière la fenêtre,
je vois à peine l'horizon.
Mais je sais que, sans tarder,
je franchirai la vraie cloison…

Très tôt à l'aube,
j'irai demander pardon.

Du crépuscule à l'aube

Au soir de sa vie,
conduit au Calvaire,
Jésus a remis
son esprit au Père.

Hué, maltraité,
cloué sur la croix,
Jésus est passé
de vie à trépas.

Ce roi est allé
au bout du supplice
pour faire éclater
amour et justice.

Après le sabbat,
et des nuits de doute,
ses amis redoutent
qu'on traque leurs pas.

Faut-il espérer ?
Et croire en ses mots ?
La pierre est roulée
devant le tombeau.

Trois jours sont passés.
Des femmes éplorées
se rendent à l'endroit.
Personne n'est là !

Jésus s'est levé…
c'est le jardinier !
Sur l'humanité,
une aube a brillé.

Dieu est poète

Dieu est poète.
Il trace le bord des océans,
il écrit les paroles du temps.

Dieu est musicien.
Il murmure des airs marins,
il fait vibrer les fleuves.

Dieu est artiste.
Il allume la lune et les étoiles,
il découpe les montagnes.

Dieu est peintre.
Il dessine les rayons du soleil,
il crée les teintes des fleurs.

Dieu est poète.
Il cueille la rosée du matin
et t'envoie des mots doux…

Traverser la nuit

C'est la nuit.
Il fait noir,
si noir.
C'est comme la fin du monde.

Et pourtant,
si tu regardes au bout,
loin devant,
tu verras une fragile lumière.

N'abandonne pas !
Tu te crois seul.
Mais je suis là.

Dans la nuit,
je veille avec toi.

Table des matières

Ce livre a été imprimé en juin 2007
sur les presses de Impart Litho
Victoriaville (Québec)